AF494540

# SEMAINES SOCIALES DE FRANCE, XXII^e SESSION — MARSEILLE, DU 28 JUILLET AU 3 AOUT 1930

SUJET DE LA SEMAINE :

## LE PROBLÈME SOCIAL AUX COLONIES

### PROGRAMME PROVISOIRE



SECRÉTARIAT PERMANENT
CHRONIQUE SOCIALE DE FRANCE, 16, RUE DU PLAT
LYON

Paris, le 1er Juin 1930.

M

Nous avons l'honneur de vous inviter à prendre part à la XXIIe Session des *Semaines Sociales de France* qui se tiendra à **Marseille**, du 28 juillet au 3 août prochain, sous la haute présidence de S.G. Mgr DUBOURG, évêque de Marseille.

Les travaux de cette Session seront consacrés à l'étude du **Problème Social aux Colonies.**

La question coloniale s'impose au même titre que la question sociale elle-même, dont elle n'est qu'un des aspects. Notre magnifique Empire colonial est, si l'on y réfléchit, une source de bien graves responsabilités, non seulement pour le Gouvernement, mais pour chacun des Français de la métropole. Tous nous avons quelque chose à offrir à ces millions d'êtres humains, de toutes races, de toutes couleurs, qui sont les pupilles et les protégés de notre pays. Une étroite solidarité nous lie à eux et nous avons le devoir de les élever à un niveau supérieur, non seulement de richesse, mais de culture intellectuelle et de moralité.

Convaincus de la nécessité de mettre en lumière les principes de la sociologie chrétienne en cette matière, vous aurez à cœur de nous prêter le concours de votre présence et de votre sympathie.

D'avance nous vous en remercions, et vous prions d'agréer l'expression de nos sentiments respectueux et dévoués.

EUGÈNE DUTHOIT,
Président de la Commission Générale.

A. BOISSARD, M. GONIN,
Secrétaires Généraux.

# NOTICE

La *Semaine Sociale de Marseille* gardera le caractère et l'esprit des précédentes *Semaines*, tels que les ont exposés les Déclarations du Président de la Commission générale. Elle se maintiendra, en conséquence, à l'écart des partis, sur le large terrain du désintéressement social et du loyalisme civique.

La pensée directrice des fondateurs des Semaines Sociales tient en quelques mots :

« Catholiques convaincus et fidèles, nous voulons montrer que notre religion fournit le fondement, l'esprit directeur et les lignes essentielles de la sociologie véritable, et que seule une sociologie procédant d'elle peut pleinement répondre aux exigences de l'ordre social.

« D'où le double caractère de la méthode adoptée : le premier qui consiste à approfondir, sous le contrôle de l'Eglise, les enseignements sociaux catholiques, afin de garder toujours plus vive la conviction de l'effort à exercer et plus complète l'intelligence des principes à invoquer ; le second qui nous porte à étudier les faits actuels, matière des réformes de l'avenir, afin d'aboutir à une organisation à la fois plus conforme aux principes catholiques et plus favorable au bien commun. »

L'enseignement des Semaines Sociales est donc doctrinal, scientifique et pratique. Il est donné sous forme de cours par des professeurs spécialistes. Il ne comporte aucune séance de discussion et ne donne pas lieu à des vœux comme dans les congrès. Seules, les leçons documentaires sont suivies d'échange de vues. (On est prié de ne pas applaudir.) En dehors des séances, les professeurs se prêtent aux questions posées par les auditeurs.

# RÈGLEMENT

Pendant la durée des cours, aucune réunion ne peut être organisée dans les locaux de la Semaine Sociale.

La vente et la criée des journaux sont interdites à l'intérieur de l'immeuble.

Un panneau spécial sera réservé à l'affichage des notes quotidiennes ou avis particuliers. On est prié de ne rien afficher en dehors de cet emplacement.

La distribution des notices et imprimés sur les œuvres est exclusivement assurée par la Librairie.

On est prié de ne pas stationner ou parler à haute voix auprès de la salle des séances.

# AVIS ET RENSEIGNEMENTS

**SECRETARIAT PERMANENT.** — Le Secrétariat permanent recevra jusqu'au 9 juillet les demandes de renseignements, adhésions, souscriptions et mandats, qui devront être adressés à M. Cl. Court, *Chronique Sociale*, 16, rue du Plat, Lyon ; à partir de cette date, à M. Cl. Court, Fédération des Secrétariats Sociaux, 30, rue Saint-Suffren, Marseille (1).

**SECRETARIAT REGIONAL.** — Le Secrétariat régional est établi à la Fédération des Secrétariats Sociaux, 30, rue Saint-Suffren, Marseille. Téléphone : Dragon 80-97. Chèques postaux : Marseille 77-84.

**ADHESIONS.** — L'inscription comme auditeur, pour toute la durée des cours, comporte obligatoirement le versement d'une **cotisation de 25 francs.** Elle donne droit à l'entrée permanente et aux réductions pour le parcours en chemin de fer.

Les dames sont admises à tous les cours et conférences.

Pour se faire inscrire, envoyer au Secrétariat, après l'avoir remplie, la feuille d'adhésion jointe à ce programme, avec le montant de la cotisation.

Les cartes d'entrée, les bons de réduction, les indications des logements et des salles de cours et conférences, avec plan de la ville, seront adressés à chaque adhérent du 5 au 20 juillet seulement.

Aucune réduction ne sera consentie par les Compagnies, pour les adhésions envoyées après le 15 juillet.

**REDUCTIONS SUR LES CHEMINS DE FER.** — Les grands réseaux français accordent aux auditeurs inscrits pour la durée de la Semaine, une réduction de 50 % au-delà d'un parcours de 50 kilomètres, et valable à l'aller : du 20 juillet au 3 août ; au retour : du 28 juillet au 10 août. Cette réduction est faite sur la valeur de deux billets aller, majorée de l'impôt spécial de 15 %. Elle est consentie sur la présentation aux gares, à l'aller et au retour, de la carte d'auditeur et d'une lettre des grands réseaux délivrée par le Secrétariat permanent.

On aura soin d'indiquer sur la feuille d'adhésion, la gare de départ et les gares de jonction des divers réseaux que l'on empruntera pour venir à Marseille.

**Bien noter qu'aucune réduction ne sera accordée passé le 15 juillet.**

Il est toujours possible, pour les auditeurs appartenant à des Universités, à des Collèges ou des Sociétés d'Education populaire autorisées de constituer des groupes bénéficiant des réductions établies par le Tarif spécial G. V. n° 108. Demander renseignements à ce sujet au Secrétariat permanent.

**LOGEMENTS.** — Trois catégories de logements sont à la disposition des auditeurs :

1° **Hôtels.** — Une liste d'hôtels recommandés a été dressée par les soins de la Commission locale. Retenir sa chambre d'avance, en précisant la durée du séjour indispensable. Ecrire au plus tôt à l'hôtel en se guidant d'après la liste imprimée page 21.

---

(1) Etablir mandats-postes au nom de M. Cl. Court, ou chèque postal Bureau de Lyon, N° 65-78, au nom de M. Gonin, *Chronique Sociale*.

2° **Logements chez l'habitant et dans les pensions de famille.** — La Commission locale peut assurer aux *auditeurs* et *auditrices* un certain nombre de chambres chez l'habitant et dans les Pensions de famille. Chambres de 6 à 20 francs. On ne reçoit que les auditeurs passant les six jours. Retenir sa place en envoyant son adhésion au Secrétariat permanent.

3° **Logements dans les Institutions religieuses.** — Ces logements, réservés aux auditeurs ecclésiastiques ou aux auditeurs laïques venant en groupe, sont offerts par les Institutions religieuses de Marseille. Ils comportent des chambres et des dortoirs. Chambres de 6 à 10 francs. Prix de la nuit, dortoir : de 3 à 6 francs.

Les Pensionnats et Institutions de jeunes filles recevront dans les mêmes conditions les auditrices isolées ou groupées. Retenir sa place en envoyant son adhésion au Secrétariat.

L'inscription pour les logements de cette dernière catégorie doit être prise pour trois jours au moins.

**LIEU DES REUNIONS.** — Tous les cours de la matinée et de l'après-midi auront lieu à l'Ecole libre de Provence, 43, boulevard Emile-Sicard, Saint-Giniez Prado.

La Messe d'ouverture du lundi matin sera célébrée à l'église Saint-Joseph, rue Paradis ; la cérémonie du soir, à l'église Saint-Vincent-de-Paul.

Les Veillées religieuses auront lieu le jeudi soir, pour les hommes, à l'église Saint-Vincent-de-Paul, pour les dames, à la Trinité, rue de la Palud.

**MESSE QUOTIDIENNE.** — A partir du mardi matin, une messe sera célébrée tous les jours, à 8 heures, dans la chapelle de l'Ecole libre de Provence.

MM. les Ecclésiastiques recevront au Secrétariat l'indication des églises où ils pourront dire leur messe. Ils sont priés de bien vouloir se munir de leur celebret et de leur linge d'autel.

**REPAS.** — Chaque jour, à midi, un repas servi à l'Ecole libre de Provence (prix : 12 francs), réunira les auditeurs, invités et professeurs. Aucun repas ne sera organisé pour le soir. Les auditeurs trouveront page 23 une liste des restaurants de la ville où ils pourront dîner. On doit retirer tous les jours, avant 19 heures, la carte pour le repas du lendemain à midi. Pour le premier repas du lundi, retenir sa place et payer le montant en envoyant son adhésion.

On pourra prendre les petits déjeuners au buffet installé à l'Ecole libre de Provence.

**SERVICE DE PRESSE.** — Dans le but de faciliter le travail des représentants de la Presse, un bureau spécial sera installé dans les locaux. MM. les journalistes français et étrangers sont invités à s'y faire inscrire dès leur arrivée.

**VISITES ARCHEOLOGIQUES ET SOCIALES.** — Tous les jours, à 13 h. 45, des Visites aux principaux monuments historiques, aux œuvres sociales et aux industries de Marseille, seront organisées par les soins de la Commission locale.

**CARTES DE JOURNEES.** — Des cartes valables pour tous les Cours et Conférences de la journée seront délivrées à l'entrée, au prix de 5 francs.

**SOUSCRIPTION.** — Le droit d'inscription payé par les auditeurs étant loin de couvrir les frais de la Semaine Sociale, un appel est adressé aux amis des Semaines en faveur de la souscription ouverte par la Commission Générale.

# PROGRAMME HORAIRE

## LUNDI 28 JUILLET

*7 h. 30.* — Eglise Saint-Joseph, rue Paradis, *MESSE DU SAINT-ESPRIT.*

Allocution de S. G. Mgr Dubourg, évêque de Marseille.

*9 heures.* — Leçon d'ouverture : **Comment se pose le problème social dans les pays de colonisation.**

Leçon des faits. Nécessité de les étudier à la lumière de la doctrine catholique.

M. Eugène Duthoit,
*Président de la Commission générale.*

*10 h. 30.* — 2e Leçon : **Extrême variété des conditions naturelles et historiques, ainsi que de la structure sociale, dans les pays de colonisation.**

M. René Pinon,
*Professeur à l'Ecole des Sciences Politiques, Membre de l'Académie des Sciences Coloniales.*

*12 heures.* — Déjeuner en commun.

*15 heures.* — 1er Exposé documentaire : *Lutte contre les fléaux sociaux dans les colonies : l'alcoolisme dans l'Ouest et le Centre africains.*

M. Maurice Gand,
*Professeur à la Faculté de Droit de l'Université Catholique de Lille.*

*16 h. 30* — 3e Leçon : **L'expansion coloniale est-elle légitime ?**

L'intervention et l'expansion coloniale sont-elles légitimes au regard du Droit naturel et de la doctrine catholique ?

A quels titres ?

Sous quelles conditions ?

Le R. P. Delos, *O. P.*,
*Professeur à l'Université Catholique de Lille.*

*18 h. 30.* — Eglise Saint-Vincent-de-Paul, *GRANDE CEREMONIE D'OUVERTURE.*

**Ce qu'enseigne l'Eglise sur l'éminente dignité de la personne humaine.**

Unité du genre humain. Adoption divine. Vocation de tous à la Rédemption. Identité de nature de l'homme et de la femme.

S. G. Mgr Saliège,
*Archevêque de Toulouse.*

## MARDI 29 JUILLET

*8 heures.* — Chapelle de l'Ecole libre de Provence, MESSE par l'un de NN. SS. les Evêques.

*9 heures.* — 4e Leçon : **Devoirs, droits et responsabilités des puissances colonisantes.**

Le problème sera étudié d'abord au regard de la colonie elle-même (obligation, pour la puissance colonisante, d'être la tutrice bienfaisante de la colonie) ; au regard des sujets de la métropole auxquels la colonisation commence par imposer des sacrifices ; enfin au regard de l'humanité tout entière (obligation de mettre en valeur les parties inexplorées du domaine terrestre).

M. l'Abbé BRUNO DE SOLAGES,
Rédacteur en Chef de la Revue d'Apologétique.

*10 h. 30.* — 5e Leçon : **Colonisation et action missionnaire.**

Distinction. Interdépendance des deux domaines. Rapports nécessaires. Services mutuels que se rendent l'action missionnaire et l'action colonisatrice.

Le R. P. Albert VALENSIN,
*Professeur à la Faculté de Théologie de Lyon.*

*12 heures.* — DÉJEUNER EN COMMUN.

*14 h. 15.* — 2e Exposé documentaire : *Lutte contre les fléaux sociaux dans les colonies : la mortalité infantile.*

Médecin Lieutenant-Colonel BLANCHARD,
*Professeur d'Epidémiologie à l'Ecole d'Application du Service de Santé des Troupes coloniales de Marseille.*

*15 h. 30.* — 3e Exposé documentaire : *L'enseignement ménager dans les milieux indigènes.*

Sœur MARIE-ANDRÉ DU SACRÉ-CŒUR,
*des Sœurs Blanches de N.-D. d'Afrique. Docteur en Droit.*

*17 heures.* — 6e Leçon : **La voix du Saint-Siège et de la Propagande. — Convergence entre leurs enseignements séculaires et certaines tendances récentes du Droit Public International dans le domaine de la colonisation.**

Tableau des interventions les plus mémorables du Saint-Siège et de la Propagande depuis les origines de la colonisation moderne.

M. Georges GOYAU,
*de l'Académie Française.*

*20 h. 30.* — *GRANDE ASSEMBLEE.*

1° M. Jules ZIRNHELD, Président de la C. F. T. C.: **La protection des travailleurs d'origine coloniale en France.**

2° M. Philippe de LAS CASES, Avocat à la Cour d'Appel de Paris : **L'héritage des Lavigerie et des Foucauld.**

# MERCREDI 30 JUILLET

*8 heures.* — Chapelle de l'Ecole libre de Provence, MESSE par l'un de NN. SS. les Evêques.

*9 heures.* — 7e Leçon : **L'action internationale des puissances contre les abus coloniaux avant et depuis l'établissement de la Société des Nations.**

Cette leçon exposera comment les Conférences Internationales ont abordé certains aspects du problème social dans les colonies.

M. Barthélemy RAYNAUD,
*Professeur à la Faculté de Droit de l'Université d'Aix-Marseille,*
*Professeur de Droit colonial à l'Institut Colonial de Marseille.*

*10 h. 30.* — 8e Leçon : **Théorie et exercice des mandats dans leurs rapports avec le problème social dans les colonies.**

L'institution des mandats créés par les Traités de 1919 a une portée sociale qu'il faut mettre en lumière.

Le R. P. Yves DE LA BRIÈRE,
*Professeur de Droit des Gens à l'Institut Catholique de Paris.*

*12 heures.* — DÉJEUNER EN COMMUN.

*14 h. 15.* — ASSEMBLÉE GÉNÉRALE DES SECRÉTARIATS SOCIAUX.

*14 h. 15.* — Exposé documentaire hors cadre : *Les Ecoles de dirigeants de syndicats chrétiens : application de la lettre de la Congrégation du Concile à S. G. Mgr Liénart.*

M. l'Abbé Pierre LESAGE,
*Directeur des Œuvres Sociales de Roubaix-Tourcoing.*

*14 h. 15.* — 4e Exposé documentaire : *Le Crédit indigène.*

M. PASQUIER BRONDE,
*Adjoint au Maire d'Alger.*

*15 h. 30.* — 5e Exposé documentaire : *Le problème forestier aux colonies.*

M. Pierre DEFFONTAINES,
*Professeur à l'Ecole des Sciences Sociales et Politiques de Lille.*

*17 heures.* — 9e Leçon : **Le problème de la population dans les colonies françaises.**

Leçons de la statistique. Causes qui influent sur les mouvements de population. Idées morales régnantes. Hygiène. Age nuptial, etc...

M. Henri BRENIER,
*Ancien Chef du Service Economique de l'Indo-Chine.*

**Soirée libre.**

# JEUDI 31 JUILLET

*8 heures.* — Chapelle de l'Ecole libre de Provence, MESSE par l'un de NN. SS. les Evêques.

*9 heures.* — 10e Leçon : **La vie de famille des indigènes. Condition de la femme. Transition du statut ancien au statut nouveau.**

Quelques exemples caractéristiques pris en diverses parties de notre domaine colonial.

Le R. P. MARCHAL,
*Assistant du Supérieur Général des PP. Blancs.*

*10 h. 30.* — 11e Leçon : **La loi française et le statut réel des indigènes dans l'Afrique du Nord.**

M. René MAUNIER,
*Professeur à la Faculté de Droit de l'Université de Paris.*

*12 heures.* — BANQUET EN L'HONNEUR DES AUDITEURS DE LA SEMAINE SOCIALE VENUS DE PAYS ÉTRANGERS.

*15 heures.* — RÉUNION DES PROMOTEURS DES CAISSES OUVRIÈRES DE CRÉDIT MUTUEL. Président, M. SCHMITT, Directeur de la Caisse Centrale de Crédit mutuel de la région parisienne.

*16 heures.* — *ASSEMBLEE GENERALE DE L'UNION D'ETUDES DES CATHOLIQUES SOCIAUX.*

*17 heures.* — 12e Leçon : **Introduction de l'industrialisme dans les colonies. Apparition d'un capitalisme et d'un prolétariat de couleur.**

Le R. P. ARNOU, *S. J.*,
*Attaché au B. I. T.*

*20 h. 30* — *VEILLEE RELIGIEUSE.*

**Prière eucharistique pour les hommes de toute race et de toute couleur invités à la table du Père commun.**

*a)* Pour les Hommes : Eglise Saint-Vincent-de-Paul.

M. le Chanoine THELLIER DE PONCHEVILLE.

*b)* Pour les Dames : Eglise de la Trinité, rue de la Palud.

S. G. Mgr PIC,
*Evêque de Gap.*

# VENDREDI 1^er^ AOUT

*8 heures.* — Chapelle de l'Ecole libre de Provence. MESSE DU SOUVENIR, pour le repos des âmes de M. Henri LORIN, ancien Président, ainsi que des Professeurs et Auditeurs des Semaines Sociales décédés.

Commémoration de S. G. Mgr JULIEN, Evêque d'Arras, Membre de l'Institut, Professeur des Semaines Sociales, décédé le 14 mars 1930.

Brève allocution de M. le Chanoine ALLEAUME, Archiprêtre de Notre-Dame du Havre.

*9 h. 15.* — 13e Leçon : **Comment établir, dans l'organisation du travail aux colonies, les garanties prévues par l'Encyclique « Rerum Novarum » ?**

M. Joseph DANEL,
*Professeur à l'Université Catholique de Lille.*

*10 h. 45.* — 14e Leçon : **Elites indigènes dans les pays de colonisation : les milieux islamiques.**

Mgr MULLA,
*Professeur à l'Institut Pontifical Oriental de Rome.*

*12 heures.* — DÉJEUNER EN COMMUN.

*14 h. 15.* — Réunion de la COMMISSION GÉNÉRALE DES SEMAINES SOCIALES.

*14 h. 15.* — **Les Organisations professionnelles.**

1° Réunion des PATRONS CATHOLIQUES présents à la Semaine Sociale.

*Exposé* de M. Joseph ZAMANSKI, Président de la Confédération Française des Professions Libérales, Industrielles et Commerciales.

*Echange de vues.*

2° Réunion de la CONFÉDÉRATION FRANÇAISE DES TRAVAILLEURS CHRÉTIENS.

*Exposé* de M. Gaston TESSIER, Secrétaire général de la C. F. T. C.

*Echange de vues.*

3° Réunion de l'UNION SOCIALE DES INGÉNIEURS CATHOLIQUES.

*Exposé* de M. LIOUVILLE, Président de l'U. S. I. C.

*Echange de vues.*

*15 h. 30.* — 6° Exposé documentaire : *L'enseignement agricole dans les colonies.*

M. Pierre Berthault,
*Docteur ès-sciences,*
*Professeur à l'Institut Agricole d'Algérie.*

*17 heures.* — 15° Leçon : **Elites indigènes dans les pays de colonisation : les milieux fétichistes.**

Le R. P. Aupiais,
*Procureur des Missions Africaines de Lyon.*

*20 h. 30.* — *GRANDE ASSEMBLEE.*

1° S. G. Mgr Dubourg, évêque de Marseille : **Nos devoirs envers nos frères des colonies, à la lumière des enseignements de Pie XI.**

2° M. Maurice Guérin : **L'éducation des élites ouvrières.**

---

# SAMEDI 2 AOUT

---

*8 heures.* — Chapelle de l'Ecole libre de Provence, MESSE par l'un de NN. SS. les Evêques.

*9 heures.* — 16e Leçon : **Une élite sociale : l'exemple du clergé indigène.**

Le R. P. CHARLES, *S. J.*,
*Professeur à la Faculté de Théologie de l'Université de Louvain.*

*10 h. 30.* — 17e Leçon : **Les corporations artisanales dans les milieux musulmans.**

M. Louis MASSIGNON,
*Professeur de Sociologie musulmane au Collège de France.*

*12 heures.* — DÉJEUNER EN COMMUN.

*15 h. 30.* — 7e Exposé documentaire: *Elites indigènes dans les milieux annamites.*

Le R. P. CADIÈRE,
*des Missions Etrangères.*

*17 heures.* — 18e Leçon : **Préparation sociale des jeunes gens qui se destinent à la colonisation. Fonctionnaires et colons.**

M. Georges HARDY,
*Directeur de l'Ecole Coloniale de Paris.*
*Membre de l'Académie des Sciences Coloniales.*

**Conclusions de la Semaine.**

*18 h. 30.* — *SALUT SOLENNEL D'ACTIONS DE GRACES.*

*20 h. 30.* — **Soirée provençale** offerte aux Auditeurs par la Commission locale. Chants, récits, coutumes.

---

# Visites, Pèlerinages et Excursions

Des visites accompagnées auront lieu de 14 heures à 16 h. 30, dans l'ordre suivant :

**Lundi 28 juillet :**

Visite du Musée du Vieux Marseille.

**Mardi 29 juillet :**

Visite des ports.

**Mercredi 30 juillet :**

Visite de Saint-Victor. Le Pharo.

**Vendredi 1er août :**

Visite des œuvres de l'abbé Fouque.

## DIMANCHE 3 AOUT

### Pèlerinages et Excursions

Notre-Dame de la Garde. Pour les Pèlerins restant à Marseille.

La Sainte-Beaume (En autocar).

Aix-en-Provence. Roquefavour (En autocar).

*(Un bureau établi dans les locaux de la Semaine Sociale, recevra les inscriptions pour les visites en bateau et en autocar.)*

# SEMAINES SOCIALES DE FRANCE

## COMMISION GÉNÉRALE

| | | |
|---|---|---|
| MM. | Eugène DUTHOIT .......... | Lille. |
| | Marius GONIN.............. | Lyon. |
| | Adéodat BOISSARD.......... | Paris. |
| | Maurice ANGLADE.......... | Rodez. |
| | Mgr BEAUPIN.............. | Paris. |
| | Charles BODIN............. | Rennes. |
| | Jean BRUNHES.............. | Paris. |
| Mlle | BUTILLARD ............... | Paris. |
| MM. | Louis COIRARD............ | Aix-en-Provence. |
| | Docteur Rémy COLLIN........ | Nancy. |
| | Augustin CRETINON........ | Lyon. |
| | Paul CUCHE............... | Grenoble. |
| | R. P. DESBUQUOIS......... | Paris. |
| | Chanoine DESGRANGES .... | Paris. |
| | Maurice DESLANDRES...... | Dijon. |
| | DUVAL-ARNOULD .......... | Paris. |
| | Etienne ESTRANGIN........ | Marseille. |
| | Charles FLORY............ | Paris. |
| | S. G. Mgr GERLIER......... | Evêque de Tarbes et Lourdes. |
| | T. R. P. GILLET........... | Rome. |
| | Emmanuel GOUNOT......... | Lyon. |
| | Georges GOYAU............ | Paris. |
| | Philippe de LAS CASES..... | Paris. |
| | Jean LEROLLE............. | Paris. |
| | Georges MAIROT........... | Besançon. |
| | Etienne MARTIN SAINT-LEON | Versailles. |
| Mme | MEYSSONIER-MILCENT .... | Paris. |
| MM. | Docteur PARANT........... | Toulouse. |
| | René PINON............... | Paris. |
| | Charles POISSON.......... | Angers. |
| Mlle | Cécile PONCET............ | Grenoble. |
| MM. | Auguste PRENAT........... | Saint-Etienne. |
| | Chanoine ROUCHOUZE....... | Lyon. |
| | Alexandre SOURIAC........ | Paris. |
| | Jean TERREL.............. | Lyon. |
| | Chanoine THELLIER de PONCHEVILLE ............... | Paris. |
| | Chan. Pierre TIBERGHIEN.. | Lille. |
| | Jacques TOURRET.......... | Lyon. |
| | Max TURMANN.............. | Fribourg-en-Suisse. |
| | R. P. VALENSIN........... | Lyon. |
| | Mgr VANNEUFVILLE........ | Rome. |
| | Maurice VAUSSARD......... | Paris. |
| | Joseph VIALATOUX......... | Lyon. |
| | Henry VIZIOZ.............. | Bordeaux. |
| | Joseph ZAMANSKI.......... | Paris. |
| | Jules ZIRNHELD........... | Paris. |

# SEMAINE SOCIALE DE MARSEILLE

## COMITÉ DE PATRONAGE

S. G. Mgr DUBOURG .. Evêque de Marseille, *Président.*
S. G. Mgr DE LLOBET.. Archevêque d'Avignon.
S. G. Mgr LEYNAUD .. Archevêque d'Alger.
S. G. Mgr LEMAITRE .. Archevêque de Carthage.
S. G. Mgr SIMEONE .. Evêque de Fréjus et Toulon.
S. G. Mgr DURAND ... Evêque d'Oran.
S. G. Mgr JORCIN .... Evêque de Digne.
S. G. Mgr GIRBEAU .. Evêque de Nimes.
S. G. Mgr THIENARD .. Evêque de Constantine.
S. G. Mgr PAGET .... Evêque de Valence.
S. G. Mgr MIGNEN ..... Evêque de Montpellier.
S. G. Mgr HURAULT .. Evêque de Viviers.
S. G. Mgr THIENARD .. Evêque de Constantine.
S. G. Mgr GIRBEAU ... Evêque de Nîmes.
S. G. Mgr RODIE .... Evêque d'Ajaccio.
S. G. Mgr PIC ........ Evêque de Gap.
S. G. Mgr REMOND ... Evêque de Nice.

### MARSEILLE

M. Joseph AIGUIER, Président de l'Œuvre des Jardins de Famille ; M. ANCEY, Président de la Société d'Etudes Economiques ; Chanoine ARNAUD D'AGNEL, Aumônier du Lycée (Com. loc.) ; Chanoine AUDIBERT, Supérieur du Pensionnat du Sacré-Cœur (Président de la Commission locale) ; R. P. AUVRAY, Procureur des Missions des Pères du Saint-Esprit ; Mlle ANZIANI, Présidente des Equipes Sociales (F.), Professeur au Lycée de Jeunes filles (Com. loc.).

M. l'abbé BARRIELLE, Directeur du Faubourg ; Mme BASSEREAU, de l'U. C. S. S. ; R. P. BAUZIN, Procureur des Missions Africaines ; Mlle BELON, Commission locale ; M. Paul BERGASSE, ancien Bâtonnier ; M. le Chanoine BLANC, Vicaire Général ; M. BLANC, Secrétaire des Volontaires du Pape ; M. l'Abbé BONNOT, Supérieur du Petit Séminaire ; M. le Chanoine BOREL, Vicaire Général ; M. BORGIALLE, Inspecteur adjoint, Président du Syndicat de l'Enseignement libre ; M. l'Abbé BOURGAREL, Secrétaire de la Société d'Etudes Philosophiques (Commission locale) ; Me BOURGES, Avocat du Barreau de Marseille, Commissaire de district des Scouts de France ; M. Henri BRENIER, Président de la Fédération Provençale des Familles nombreuses (Section de Marseille), ancien Chef du Service Economique de l'Indo-Chine ; M. le Chanoine BRIEUGNE, Directeur de l'*Echo de Notre-Dame de la Garde.*

M. Nicolas CACCAVALE, Secrétaire Général de l'Union Provençale des Syndicats Professionnels (Commission locale) ; M. l'Abbé CARVIN, Directeur de l'Œuvre des Cercles Catholiques d'Ouvriers (Commission locale) ; M^me^ CHAMBON, Présidente de l'Union des Femmes de France ; M. Emile CHAUSSE, Avocat au Barreau (Commission locale) ; R. P. CHAUVIN, Procureur des Missions d'Orient ; M^lle^ COMBES, Présidente Générale des Syndicats Professionnels Féminins de l'Abbaye ; M. le Chanoine COUDRAY, Vicaire Général Honoraire ; M. COULANGE, Président de la F. G. S. P. F.

Docteur D'ASTROS, Vice-Président de la Ligue Antituberculeuse des Bouches-du-Rhône ; M^lle^ DEBORDES, Directrice de Cours Secondaire ; M^lle^ DELANGLADE, Directrice de l'Œuvre Sainte-Germaine ; M. le Chanoine DENANS, Directeur de la *Croix* de Marseille ; M. Henry DUFAY ; M. l'Abbé DUSSOL, Aumônier diocésain de la J. O. C.

R. P. EMONET, Aumônier de l'Association Catholique de la Jeunesse Française (Commission locale) ; M. ESTRINE, Président d'Honneur de la Chambre de Commerce de Marseille et de la Société de Géographie et d'Etudes Coloniales.

M. Henri FABRE, Ingénieur, Membre de l'Académie de Marseille (Com. loc.) ; M. FAIVRE D'ARCIER, Vice-Président de la F. N. C. et délégué de la C. F. P. (Com. loc.) ; M. FALCO, Ingénieur civil des Mines ; M^lle^ FIOUPE, Vice-Présidente de l'Œuvre de Sainte-Germaine ; M. Adolphe FOUQUE, Président honoraire de la Ligue Maritime et Coloniale, Vice-Président de l'Institut Colonial, Maire de Sausset ; M. FOURNIER, Archiviste de la Chambre de Commerce ; R. P. FRASSE, Procureur des Missions des Lazaristes.

M. le Chanoine GAMBER, Directeur de l'Enseignement diocésain et secrétaire perpétuel de l'Académie de Marseille ; M^me^ Alfred GAVOTY (Com. loc.) ; M. GAVOTY, Président de l'Union des Syndicats Agricoles des Alpes et de Provence ; R. P. GERBET, Procureur des Missions des Augustins de l'Assomption; M. l'Abbé GUBERT, Aumônier diocésain des Scouts de France ; M. l'Abbé GUIBAL, Président de la P. A. C. ; M. l'Abbé GUITTON, Supérieur de l'Ecole Libre de Provence.

M^me^ HAINS, Présidente de la L. P. D. F. ; M^lle^ des ISNARDS, Secrétaire Départementale de l'Union Féminine Civique et Sociale ; Général HILAIRE, Président du Foyer Colonial.

M^lle^ JAUFFRET, Présidente de l'Association des Dames Françaises ; M. Jean JAUR, Secrétaire général des Ligues de Familles nombreuses ; R. P. JUGE, Procureur des Oblats de Marie-Immaculée.

Sœur de LAMOTHE, Supérieure des Sœurs Saint-Vincent-de-Paul ; M^me^ LAMBLIN-VIGIE, Présidente de l'Office Central de Charité et de Bienfaisance ; M. LAURENT, Maître de Conférences adjoint, chargé de l'enseignement de la Botanique P.C.N. à la Faculté des Sciences ; M. l'Abbé LONG-HASSELMANS, Directeur de l'Association du Mariage chrétien (Com. loc.).

M. J. MARTIN (Com. loc.); R. P. MASSERON, Procureur des Missions Etrangères ; M. MELIZAN (Com. loc.) ; M. MENARD, Président des Conférences de Saint-Vincent-de-Paul ; M^lle^ MONESTES, Directrice des Missions de Midi ; Docteur MONGES, Président de la Société de Saint-Luc ; Général MONROE, Président de la F. N. C.

R. P. NATTON, Procureur des Missions des Pères Blancs ; M. Paul NICOLAS, Industriel, Vice-Président de l'Association des Parents d'Elèves (Enseig. second. libre).

M^me^ C. ODDO, Présidente de l'Auxiliaire de la Jeune Fille.

Mère PENTECOTE, Supérieure des Franciscaines Missionnaires de Marie ; Mlle PERRIMOND, Présidente de l'Association des Etudiantes Catholiques ; M. Jules PERRIN, Notaire (Com. loc.) ; Mlle PEYRAS, Présidente diocésaine du Noël ; M. PEYRE, Président de la Fédération Provençale de la J. O. C. (Com. loc.) ; M. Eugène PIERRE, Conseiller général, Vice-président de la Commission départementale de la Natalité ; Mlle POUJADE, Secrétaire générale des Syndicats Professionnels Féminins des Capucines (Com. loc.) ; M. PRADON, Président de l'Union Régionale de Provence de l'A. C. J. F. (Com. loc.).

R. P. RASCLE, Procureur des Missionnaires du Sacré-Cœur ; M. RAMBERT, Directeur de l'Ecole Supérieure de Commerce ; M. le Chanoine RAMPAL, Vicaire général, Supérieur du Grand Séminaire ; M. RAMPAL, Avocat honoraire ; M. Emile RASTOIN, Président honoraire de la Chambre de Commerce ; M. Edouard RASTOIN, Directeur de la D. R. A. C. ; M. l'Abbé RASTOUH, Directeur de l'Œuvre de Sainte-Germaine et du Littoral ; R. P. RAYMOND, Procureur des Missions Franciscaines ; M. Emile REGIS, Président honoraire de la Société pour la Défense du Commerce ; M. Victor REGIS, Président du Conseil d'administration de l'Hôpital Saint-Joseph ; M. Joseph REGIS, Industriel ; Mlle Yvonne JEANREGGIO, Commissaire de District des Guides (Com. loc.) ; M. J. RENARD, Avocat, Professeur à la Faculté Libre de Droit ; R. P. RICHARD, Procureur des Trinitaires de Sainte-Marthe ; M. H. RIPERT, Président d'honneur de l'A. C. J. F. de Provence, Professeur à la Faculté Libre de Droit et membre de la Commission départementale de la Natalité (Com. loc.) ; M. François de ROUX, Industriel.

Mère Albert de SAINTE-MARIE, Supérieure des Sœurs de Saint-Joseph de Cluny ; R. P. SIMEONI, Procureur des Missions Salésiennes ; M. le Chanoine SUCHET, Fondateur des Syndicats Chrétiens à Marseille.

M. Raymond TEISSEIRE, Président du Comité National de la Semaine Coloniale Française, Secrétaire de la Société de Géographie ; R. P. TERSTEG, Procureur des Missions Dominicaines ; R. P. THOMAS, Procureur Maritime des Missions du Levant ; M. le Général de TOURNADRE, Président d'honneur de l'Association des Officiers de Réserve.

Docteur VAN GAVER, Professeur aux Cours Coloniaux de l'Institut technique ; M. VILLAGE, Président du Grand Conseil de la Mutualité des B. D. R. et de l'Œuvre hospitalière ; M. VILLEMINOT, Ingénieur, Président de l'U. S. I. C.

## BOUCHES-DU-RHONE

M. Maurice BLONDEL, Professeur honoraire à la Faculté des Lettres, à Aix ; M. J. BRY, Professeur à la Faculté de Droit, Conseiller municipal d'Aix ; Mlle CAIRE, Présidente du Syndicat Aixois des Dames Employées de Commerce ; M. COIRARD, Adjoint au Maire, Président de la Fédération des Catholiques Sociaux de Provence ; Docteur CHARPIN, à Aix.

M. Marcel DAVID, Notaire à Aix ; Mme DRUJON, Présidente de la Ligue Patriotique des Françaises à Aix.

M. Raoul FRANCOU, Président du Secrétariat Social de Salon.

M. Jean GAUTIER-DESCOTTES, Notaire à Arles.

M. Ch. ROUX, Notaire à Aix (Com. loc.).

M. SAUVAIRE-JOURDAN, Professeur à la Faculté de Droit à Aix.

M. Gabriel VALAY, Président de l'A. C. J. F., diocèse d'Aix, à Saint-Rémy-de-Provence ; Général VALDAN, Commissaire Provincial des Scouts de France, à Aix.

## VAR

Mgr ARDOUIN, Curé Archiprêtre de la Cathédrale, à Toulon.

M. de BACIOCCHI, Propriétaire à Sanary ; M. de BOISGELIN, Président de l'Action Catholique Varoise, à Toulon ; M. BOUILLOT, Président de la Ligue Maritime et Coloniale, à Toulon ; Capitaine de Frégate BROSSIER, Secrétaire des Catholiques Sociaux de Provence.

Général CAILLET, des Troupes Coloniales (Com. loc.).

M. FOURNEL, Conseiller municipal de Toulon, Trésorier de la Chambre de Commerce, Président de la Caisse de Compensation du Var.

Chanoine GRALY, Supérieur du Collège Sainte-Marie de la Seyne ; M. GUERIN, Avocat à Draguignan.

M. LAPOUGE, Draguignan ; Le Révérend Père LUQUET, Supérieur du Couvent Saint-Maximin.

M<sup>lle</sup> MERU, Présidente des Syndicats Professionnels de l'Abbaye de Toulon.

M<sup>lle</sup> PETER, Présidente de la L. P. D. F. du Var, à Toulon.

Chanoine TRUCHI, Vicaire Général, Directeur des Œuvres, Supérieur au Grand Séminaire, à Toulon.

## ALPES-MARITIMES

M. Paul ACHIARDI, Président de la Caisse Primaire des Assurances Sociales des Alpes-Maritimes, à Nice.

M<sup>lle</sup> CHAMARD-BOUDET, Présidente de l'Union des Syndicats Professionnels de l'Abbaye, à Nice.

M. DUBSET, Président du Jardin d'Essai des Plantes à parfums de la Région de Grasse et du Sud-Est, à Mandelieu.

Chanoine GIRAUD, Curé d'Antibes ; M. Roger de GUBERNATIS, Avocat, Premier adjoint au Maire de Menton ; M<sup>me</sup> GUERRY, du Secrétariat Social des Alpes-Maritimes, Présidente de la Commission d'Education Sociale Féminine, à Nice.

M. Charles HARMEL, Industriel, Parfumeur à Grasse.

M. Louis JOURDAN, Président du Secrétariat Social de Cannes.

M. LA RAVOIRE, Président du Secrétariat Social des Alpes-Maritimes ; Chanoine LEVROT, Aumônier des Syndicats Professionnels Féminins Catholiques de Nice, et Vice-président du Secrétariat Social.

Chanoine MATTEUDI, Directeur des Œuvres d'Hommes et de Presse ; M. Marcel MOUTERDE, Avocat, Président des Conférenciers des Alpes-Maritimes, à Nice.

M. PASCALIS, Ancien Bâtonnier, Président de l'Union Catholique des Alpes-Maritimes et des Conférences de Saint-Vincent-de-Paul, à Nice ; Chanoine PONSARD, Supérieur de l'Ecole Masséna, à Nice ; Chanoine PORCIER, Curé de Saint-Jean-Baptiste, à Nice.

M. SENAUX, Directeur de l'Ecole Saint-Joseph, du Cercle Ozanam, à Cannes.

M. l'Abbé TRUCHI, Curé de Vallauris.

## BASSES-ALPES

M. BUFFET-DELMAS, Avocat-Avoué, à Forcalquier.

Chanoine LUQUET, Directeur du Cercle d'Etudes Sacerdotal, à Riez.

M. René NOIREL, Minotier, Président du Tribunal de Commerce à Manosque.

Chanoine RICHAUD, Directeur diocésain des Œuvres, Curé doyen de Volonne ; M. REYNAUD, Ingénieur.

M. TREMEREL, Intendant Militaire de 1re classe en retraite.

## HAUTES-ALPES

Mlle BAILLE, Présidente de la L. P. D. F., à Gap.

Chanoine MORON, Supérieur des Missionnaires de Notre-Dame du Laus, Directeur des Œuvres.

Docteur PARA, Président honoraire de l'Union Catholique du Champsaur, à Chabottes.

Mlle ROCHE, Présidente des Syndicats Féminins, à Gap.

M. J. SAURET, Président de l'A. C. J. F., à Gap.

## VAUCLUSE

M. Henri BARRAL, Secrétaire de l'Union Départementale des S. S. M., à Avignon ; M. G. BONNET, Président de l'Union diocésaine de l'A. C. J. F.

M. de COLOMJOU, Président des Conférences Saint-Vincent-de-Paul ; M. P. COUSTON, Président de la Famille Comtadine, à Avignon, Vice-président de l'A. C. J. F. d'Avignon.

M. le Comte de GUILHERMIER, Président de la Ligue Catholique de Vaucluse.

## GARD

M. CADE, Ancien Bâtonnier, à Nîmes ; M. COSTIER, Ancien Bâtonnier, à Nîmes.

M. l'Abbé GASQUE, Aumônier des Lycées, à Nîmes ; M. GAUSSERES, Président de l'U. S. I. C., à Alès.

M. LACOMBE, Président du Conseil Central des Conférences de Saint-Vincent-de-Paul, à Nîmes.

Docteur SOUCHON, à Nîmes.

# LISTE DES HOTELS

## 1re CATEGORIE
(Chambres de 35 francs et au-dessus)

| | |
|---|---|
| *Hôtel Louvre et Paix* | 53, La Canebière. |
| *Hôtel de Noailles* | 54, La Canebière. |
| *Splendid-Hôtel* | 61, boulevard Dugommier. |
| *Hôtel de la Réserve* | 317, Prom. de la Corniche. |
| *Régina Hôtel* | 3, place Sadi-Carnot. |
| *Hôtel Le Provençal* | 355, Prom. de la Corniche. |

## 2e CATEGORIE
(Chambres de 20 à 40 francs environ)

| | |
|---|---|
| *Grand Hôtel* | 66, La Canebière. |
| *Hôtel de Provence* | 12, cours Belsunce. |
| *Grand Hôtel Nouveau et Astoria* | 10, boulevard Garibaldi. |
| *Hôtel Bristol* | 16, La Canebière. |
| *Grand Hôtel de Genève* | 3 *bis*, rue Reine-Elisabeth. |
| *Hôtel de Bordeaux et d'Orient* | 41, boulevard Dugommier. |
| *Hôtel de la Plage* | 365, avenue du Prado. |
| *Hôtel Continental* | Rue Beauvau. |
| *Hôtel Beaulieu* | Place des Marseillaises. |
| *Hôtel Terminus* | Gare Saint-Charles. |

## 3e CATEGORIE
(Chambres de 15 à 25 francs environ)

| | |
|---|---|
| *Hôtel Rome et Saint-Pierre* | 7, cours Saint-Louis. |
| *Hôtel du Globe* | 62, rue Puvis-de-Chavannes |
| *Hôtel de la Poste* | 2, rue Colbert. |
| *Hôtel des Phocéens* | 4, rue Thubaneau. |
| *Hôtel Californie et Colonial* | 44, cours Belsunce. |
| *Hôtel Victoria* | 14, cours Saint-Louis. |
| *Moderne Hôtel* | 5, La Canebière. |
| *Hôtel Imbert* | 12, boul. Louis-Salvator. |
| *Royal Hôtel* | 29, boulevard Dugommier. |
| *Hôtel Corona* | 12, rue des Feuillants. |
| *Hôtel Grenoble et Savoie* | 7, place des Marseillaises. |
| *Hôtel Grand-Théâtre* | 20, rue Beauvau. |
| *Touring Hôtel* | 28 *a*, cours Belsunce. |
| *Hôtel des Colonies* | 13, rue Vacon. |
| *Hôtel Excelsior* | 51, cours Belsunce. |
| *Hôtel Victory* | 23, boulevard Dugommier. |
| *Hôtel Bijou* | 23, rue Breteuil. |
| *Hôtel des Princes* | 12, place de la Bourse. |

| | |
|---|---|
| *Hôtel Richelieu* .................. | 15, cours Belsunce. |
| *Hôtel du Commerce et Négociants* | 33, cours Belsunce. |
| *Grand Hôtel de Paris*............. | 11, rue Colbert. |
| *Hôtel de la Méditerranée*.......... | 23, quai des Belges. |
| *Select Hôtel* ....................... | 4, allées Léon-Gambetta. |
| *Hôtel Alexandra et New-Vichy*.... | 13, cours Belsunce. |
| *Grand Hôtel de la Préfecture*...... | 9, boulev. Louis-Salvator. |
| *Hôtel Lucia* ...................... | 39, avenue du Prado. |
| *Grand Hôtel, Pension Guillon* .... | 5, place de Rome. |

## 4e CATEGORIE

(Chambres de 20 francs et au-dessous)

| | |
|---|---|
| *Hôtel Lafayette* .................... | 9, allées Léon-Gambetta. |
| *Hôtel Pension Saint-Joseph* ...... | 124, rue Paradis. |
| *Hôtel Breteuil* ................... | 25, rue Breteuil. |
| *Hôtel Restaurant Saint-Ferréol* .... | 13, rue Saint-Ferréol. |
| *Hôtel de Gênes* ................... | 43, rue du Coq. |
| *Hôtel Montgrand* ................. | 50, rue Montgrand. |
| *Hôtel des Familles* .............. | 2, rue Lafayette. |
| *Hôtel Beau-Soleil* ................ | 45, allées Léon-Gambetta. |

# LISTE DES RESTAURANTS

*Bœuf à la Mode,* 30-32, cours Belsunce. — Repas à 14 fr. sans vin. Carte.
*Restaurant Gardanne,* 12, cours Belsunce. — Déjeuner à 16 fr. 50 sans vin ; dîner à 17 fr. 50, sans vin. Carte.
*Taverne Alsacienne, Grüber et Cie* (Brasserie), 114, Canebière (ex-allées de Meilhan). — Repas à 14 fr. sans vin. Carte.
*Grand Restaurant des Allées,* 91, La Canebière (ex-allées de Meilhan). — Repas à 9 fr. et 12 fr., vin compris. Carte.
*Restaurant Ragueneau,* 19-21, boulevard Dugommier. — Repas à 14 fr., sans vin. Carte.
*A la Ménagère,* 6-10, rue Pavillon. — Repas à 9 fr., vin compris. (Service table d'hôte.)
*Restaurant Henry,* 35, rue Pavillon. — Repas à 7 fr., sans vin.
*Hôtel de la Plage,* 365, Prado, 1, Promenade de la Plage. — Lunch à 18 francs, sans vin. Carte. Le soir, de préférence, à la carte.
*Brasserie de l'Exposition,* Rond-Point du Prado, coin boulevard Rabatau. — Repas à 12 francs, vin compris. (Jardin: 800 couverts. Grande salle: 250 couverts.)
*Les Ombrelles,* Promenade de la Plage. (Roucas-Blanc.) Service à la carte seulement.
*Robinson Marseillais,* La Plage. — Lunch à 15 heures, vin non compris. Le soir, de préférence à la carte.
*Bar-Restaurant de Saint-Giniez,* 186, avenue du Prado. — Repas à 5 fr. 50 avec demi-bouteille de vin. Carte. (Jardin: 50 couverts. Salle: 50 couverts.)
*Le Provençal,* 353-357, Corniche. (Le Prophète.) — Repas, prix minimum: 50 francs.
*Grand Restaurant Saint-Louis et Hôtel,* 1, rue d'Aubagne, cours Saint-Louis. — Repas à 11 francs vin compris. Carte. Salles de 70 à 130 couverts.
*Restaurant du Commerce et Colbert,* 7 et 9, rue Colbert. — Repas à 12 fr. 50 sans vin et 16 fr. sans vin. Carte. (Peut organiser des repas de sociétés, 400 couverts, à 12 fr. 50, vin compris.)
*Ceylon Tea Room et India Restaurant,* 2, rue Saint-Saëns. — 20 fr. vin non compris. Spécialité de Curry.
*Restaurant Probst,* 80, La Canebière. — Repas à 18 fr. vin non compris. Carte.
*Café du Sport,* 3, place Castellane. — Repas à 14 fr. vin non compris.
*Restaurant de l'Amirauté,* 21 boulevard Dugommier. — Repas à 12 francs, vin non compris.
*Restaurant de la Banque,* 26, boulevard Paul-Peytral. — Repas à 6 fr. 75, vin non compris.
*Restaurants :* 2, boulevard Salvator, 2, rue Lafon ; rue de la Palud. — Repas de 5 à 7 francs.
*Brasserie Restaurant de l'Univers,* La Canebière.
*Brasserie de Strasbourg,* place de la Bourse.
*Brasserie de Verdun,* rue Paradis.
*Restaurant Basso,* quai des Belges.
*Restaurant Pascal,* place Thiars.

# II^me CONGRÈS MARIAL NATIONAL

## LOURDES

## 23-27 Juillet 1930

Avant de se rendre à Marseille, un grand nombre de Semainiers auront certainement le désir de se procurer, en même temps que la joie d'un pèlerinage à Lourdes, le bienfait de l'assistance aux grandes Solennités Mariales qui s'y préparent.

Le **Congrès Marial National** se tiendra en effet cette année à Lourdes dans les jours même qui précèderont la Semaine Sociale.

Séances de travail où l'on étudiera le **Dogme de l'Immaculée Conception**, ses leçons pour les âmes chrétiennes et l'Histoire de Lourdes, — Processions du **Saint-Sacrement** et **Processions aux Flambeaux**, suivant l'usage traditionnel de Lourdes, — Grandioses Cérémonies du jour de Clôture (Dimanche 27 Juillet)... rien ne manquera de ce qui peut assurer l'éclat de cette manifestation de la piété française envers Marie.

Semainiers soyez tous à Lourdes ! Vous pourrez être à Marseille dès lundi matin.

---

**(Pour tous renseignements, écrire : Comité du Congrès Marial, Lourdes)**

# Société Franco-Anglaise de Radiophonie

"S.F.A.R." **23, Rue Clapeyron, 23** "S.F.A.R."

**PARIS (VIII^e)**

## Constructeurs de 28 modèles, tous en tête du progrès

Tél. { Central 78-65 / Louvre 01-79

Pick up, Radio-Electrophonographes pour grandes Salles, Eglises, Patronages. -:- Meubles de luxe, Postes fonctionnant entièrement sur le secteur, Postes Valises, Phonographes, etc...

Métro { ROME / CLICHY

*De la véritable, de la pure musique, sans nasillement ni déformation*

**à 40 % moins cher que partout ailleurs à rendement égal**

Musicale
Elégante
Légère
Solide
Poids: 9 kgs

LONDRES
ROME
VIENNE
TOULOUSE
etc...

**Sfar 205 semi-secteur**

Contenant des centaines d'heures d'écoute, vous permettra d'entendre en voyage ou chez vous, les nouvelles de l'Europe entière, les sermons ou concerts religieux du dimanche, les diffusions de la Cité Vaticane, etc... Prix complet en ordre de marche. Au comptant **1.880** fr. (ou à crédit).

DAVENTRY
BERLIN
BUDAPEST
MILAN
etc...

MAISON
DE
CONFIANCE

**Sfar 6**

Changeur de fréquence 6 lampes, est un des meilleurs récepteurs existant sur le marché quoique d'un prix extrêmement réduit. Nous le livrons soit seul, soit complet en ordre de marche avec diffuseur, lampes, pile et accus. Au comptant **1.495** fr. (ou à crédit)

***Tous nos Appareils sont vendus avec notre garantie.***
***Une remise de 10 % sur nos 28 modèles sera consentie à***
***Messieurs les Ecclésiastiques ou à toute œuvre religieuse.***

Demandez notre "**Radio Sfar Journal**" qui vous sera adressé gratuitement sur simple demande, il vous donnera tous renseignements utiles sur nos nombreux modèles. De plus vous y trouverez une *carte radiophonique d'Europe*, spécialement éditée pour notre clientèle, avec indication concernant la longueur d'onde, la puissance des postes émetteurs européens et leur distance de Paris.

IMP EXPRESS, LYON - 14.0[illegible]

www.ingramcontent.com/pod-product-compliance
Ingram Content Group UK Ltd.
Pitfield, Milton Keynes, MK11 3LW, UK
UKHW022149170726
13837UKWH00004B/1887